――ねえ、すみれちゃん。
あかちゃんのほうが大人より
知っていることってあるの？

どうして、そんなことが気になったの？

――こどもを見てるとね、大人じゃ想像もつかない
遊び方を思いつくことがあるでしょ？
みーんな、大人がガラクタだと思うものまで、
遊び道具に変えてしまうじゃん。
その時点で、
「大人よりこどものほうが知ってること」が
確実に存在するんだよね。
だったらもっと小さなあかちゃんは、
さらにすごいことを知ってるのかなって。

ふふふふ。面白いこと考えるね。
あかちゃんって、
お空の上から地球にきたばかりでしょ？
だから、お空の上の世界のことは
大人よりもいっぱい知ってるよ。

——えー——！　想像していたより
はるかに興味深い答えが返ってきたよ。
お空の上の世界って、
僕たちが住む地球より、はるか頭上にあるよね？
つまり、この世界を見下ろしていた頃の
記憶が残っているってことか。

ってことはさ……。
もしかして僕たち大人じゃ見えてない、
この世界のこともたくさん知ってる？

うん、そうだよ！　あかちゃんってね、
私たちが住む世界のことは、
いろいろ気づいてるよ。
だって、つい最近までみんな、
かみさまや、いろんな存在たちと
お話ししてたんだもん。

どうすれば幸せになれるかも、
ママやパパが何に悩んでいて、
どうすればそれを解決できるかもね。

——うわー、あかちゃんって
見かけによらず、すごいんだね……。
でも、あかちゃんはまだ話せないし、
いろんなことを聞きたくても、聞けないなぁ。

じゃあ、あかちゃんたちに聞いてみるね。

――そっか！　すみれちゃんって、
おなかの中のあかちゃんと
生まれたばかりのあかちゃんの声が
聞けるんだもんね。

じゃ、じゃあお言葉に甘えて……、
よろしくお願いします！

1

いろんなあかちゃんに立ち会い出産は

どう思うか聞いてみました

すると、とてもいい声が

多かったです。

その中でも一つ、すごく印象に

のこったものがあったので

紹介したいとおもいます。

2

この話は1人の男の子の

あかちゃんから聞いたお話です。

このあかちゃんは、実際に

パパの立ち会いで生まれた

そうです。

3

このあかちゃんが、まだ、

ママのおなかの中に

いる頃、このあかちゃんのママが、

「○○くんが生まれる時にパパも

いるからね!!」と、言ったそうなん

です。

4

ですが、そのあかちゃんは「ママの事は

ボクが守る!!」とおもっていた

そうなので「パパがいなくたって

ママはボクが守る!!」と、おなかの

中にいたころはず、と思っていた

そうです。

ですがその考えがかわったのは

自分が生まれる時でした。

5

お産、真っ最中。

ママはすごい、痛くて苦しんでいる時に

パパがママに一言、「僕がついてるよ。

ありがとう」と、言ったそうです。

すると、ママのおなかの中が

オレンジ色にかわり、ママを

ホッとさせたそうです。

6

その時、そのあかちゃんは、

「パパはママのヒーローだ!!」と

思ったそうです。

その頃から、あかちゃんは、

パパをすごく尊敬している

そうです♡

前作『かみさまは小学5年生』が
発売されてから、はや2年。

あのときのすみれちゃんでは
伝えきれなかった言葉が
たくさんあるという。

今回、本書につづられた言葉もそのひとつ。

これは、中学1年生になったすみれちゃんと、
担当編集である僕、
そして、この世界に降り立ったばかりの
小さな巨人＝あかちゃんによる、
涙がこぼれる世にも不思議な実話である。

まは1年生

すみれ――著

かみさ
中学

もくじ

●すみれちゃんについて

誕生日　2007年3月5日

性別　女の子

血液型　O型

星座　魚座

家族構成　パパとママとお兄ちゃんと私

性格　しっかり者だけど甘えん坊

好きな食べ物　ピザ（特に、マルゲリータ）

嫌いな食べ物　ピーマン、パプリカ

得意なこと　歌を歌うこと

好きな授業　道徳

好きな色　紫

最近驚いたこと　家の天井から、ますます金粉みたいなのが降ってくること

お話しできる相手　人間、かみさま、天使、妖精、宇宙人、薄い人（幽霊）、おなかの中のあかちゃん、石や物……など

できること　オーラを見る、前世を見る……など

できないこと　物を浮かしたり、ガラスを割ったり超能力みたいなこと

こんなんじゃ、ママを守れないじゃん！

あかちゃんは、生まれたとき、
まだ自分の顔を知りません。

「どんな顔をしているのかな〜？」とか、
「こんな顔かな〜？」とか、
想像するのもひとつの楽しみです。

私もそうだったんですが、
かがみで初めて自分を見たときは、びっくり!!

不思議な感覚でした！

かがみで自分を見たときの感想は、
それぞれだと思うので、
あかちゃんたちの意見を集めてみました。

「思っていたよりも
自分が小さかった」

「ほっぺがピンクだった」

「笑った顔って、
こういう顔なんだ!!」

「かわいい子だな〜」
（かがみを見るのが初めてで、

うつっているのが自分だということを、
まだ分かっていません！　笑）

聞いた意見の中で、
私がいちばん、いいなと思ったものがあります。

それは、いちばん初めの、

「思っていたよりも自分が小さかった」

というものです。


じつはこの話には、つづきがあります。

このあかちゃんは、

「小さいな〜」

と、思っただけではありません。

かがみを見たとき……、
「小さい!?!?
こんなんじゃ、
ママを守れないじゃん!!」
と感じていました。

その子は、「もっと大きくならなきゃ!!」と、
思ったそうです。

ママってお仕事してもいいの？

「ママってお仕事してもいいの？」

これはよく、ママさんたちから聞かれる質問です。
なので、いろんなあかちゃんたちに
聞いてみました。

するといろんな意見があったので、
ご紹介します。

「ママがお仕事してもいい」

「お仕事してもいいけど、ママが疲れるのはいやだ」

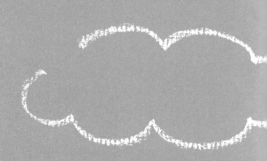

「ママがお仕事したいなら、してもいい」

ですが結局は、
「ママがお仕事したいならやってほしい」
と言う子が多かったです。

あかちゃんたちは、
ママが楽しんでいたり、
幸せにしているところが大好きです!!

なので、ママが楽しんで幸せであれば、
あかちゃんはOK!!
あと、こういう子がいました。

「ママはお仕事に行くとき、
ママじゃなくて、
ひとりの女の子になるの!!
私は、そんなママも大好き！
だってママはお仕事に行っても、
ちゃんと私のところにもどってきてくれるから」

すてきですね。

ママがたとえお仕事とかで
どこかに行ったって、
あかちゃんとつながっているんです。

たとえどこにいても、ママの氣持ちは
あかちゃんにも、伝わっています。

言葉以外の言葉

あかちゃんは、ママやパパの言葉を
どうやって理解していると思いますか？

もちろん、単純に言葉で
理解している子もいますが、
言葉のエネルギーで理解している子もいます。

言葉のエネルギーというのは、
言葉を発したときにその人が
心で感じている思いのことです。

あかちゃんには（その子にもよりますが）、

エネルギーを感じる子が多いです。

ですが、エネルギーで言葉を理解する中で、
困ることもあるそうです。

こういう子がいました。
その子は、ときと場合によって、
言葉で理解したり、
言葉のエネルギーで理解したりしています。

ある日ママが……、
「大丈夫、大丈夫」
と言っていたそうです。

ですが、「大丈夫」と言っている間の
エネルギーは悲しそうというか、悔しそうというか、
いろんなエネルギーが混ざっていて、
複雑だったそうです。

その子が困ったのは、
ママの言っていることと、エネルギーがちがくて、
分からなくなったことです。

あとで分かったことです。

そのお母さんはそのとき、
「自分にちゃんとお母さんができているか」が
不安で、その子をなでながら、

「大丈夫」
と自分に言っていたそうです。

言葉と言葉のエネルギーが
両方分かるからこその悩みですね。

みなさん！　あかちゃんに話しかけるときは、
心で思っていることを
そのまま言っちゃってください。

言葉をシンプルにして
伝えるのが、いいかもしれませんね。

大人の見方とあかちゃんの見方、両方大事

最近、あかちゃんたちと話すたびに
思うことがあります。

それは、大人とあかちゃんの
「見方」のちがいです。

たとえば……、
あるあかちゃんは、
ママとパパがケンカしているときに
いつも笑っているんだそうです。

「なんで笑っているの？」

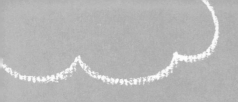

と聞くと、
どうやらケンカしているときの
ママとパパの顔が面白かったからだそうです。

私が
「すごいな～」
と思ったあかちゃんからの意見がありました。

それはあかちゃんの疑問から
はじまりました。

「どうしてそんなに悲しんでるのかな？」

どうやら、そのあかちゃんの
近くにいる人が、
長い間、何かに悲しんでいたらしいのです。

そして、その人は、悲しみはじめてから、
下を向くようになっていたそうです。
そのあかちゃんが言っていました。

「今は悲しいかもしれないけど、
楽しいこともあったでしょ。
これからもあるはず!!
僕はね、悲しいことがあったときは、
お空を見るんだ。
だってね、お空からは

僕がみんなで
笑っているところしか、
うつらなかったから」

大人の見方と、あかちゃんの見方。
私はどちらも大切だと思います。

その両方の見方が合わさったとき、
どんなものが生まれるのか。
それを考えるとワクワクしますね！

ママの人肌は、おなかの中の温かさ

あかちゃんは、
ママの人肌が大好きです。

生まれてすぐや
1ヵ月、2ヵ月くらいのあかちゃんはとくに。

いろんなあかちゃんに、
なんでママの人肌が好きかを
聞いてみました。

多かったのが、
「おなかの中の温かさに似ているから!」

というもの。

「どんなふうに温かいの？」
と、聞いてみました。

するとほとんどの答えが同じだったんです。

「ママとギューッてしたり、
ママに触ってたりすると、
守られてる感じで温かくて、
つつまれてる氣持ちになる」

やっぱりママの人肌って、
安心するんですよね！

あと、
「ママに触ると、
ママと一緒になってる感じがする!!」
と言う子もいました!

一緒というのは、
一体という意味です。

なので、ママに触ると、
自分と、ママが一体になってる
感じがするということです。

あかちゃんからしたら、

ママの人肌って、
魔法の肌なのかもしれませんね。

すみれのあかちゃんトーク！❶

生まれる前からママを愛してた

「人が生まれる前の世界」ってどんなところなのでしょうか？
お空の上の世界の記憶が残るすみれちゃんに、
たくさんの不思議な質問をぶつけてみました。

――すみれちゃん、いきなり〝そもそも〟な質問をするね。「人間が生まれる前の姿」っていうのは、よく言われる「魂」ってことでいいのかな？

うん、そうだよ。現世で命を終えると、お空の上の世界に行くの。
その魂たちは、丸い形をしてて青く光ってるよ。光の玉って感じかな。

――青いんだ！　どんな感じの青？　身の周りで似たようなものってある？

絵の具の「ブルー」に近いかな。

けっこう鮮やかだよ。

――大きさはどれくらいなの？

多少大きさはちがうけど、大体人の顔より小さいくらい。

――お、ってことは大きさはバラバラなんだね。

でもさ、たとえば映画とか漫画とかだと「魂」って幽霊みたいな形で表現されるじゃない？

あの形は嘘ってこと？

ううん、そうでもないよ。

人間としてお空の世界に行ったとき、

「いきなり魂の形になりたくない！」って言う魂がいるんだよね。

その魂たちは、かみさまに、

「人間の姿のままでいたいです」ってお願いをするの。

――へえ！　前にすみれちゃんが教えてくれた「薄い人」に似てるよね。つまり見た目は人間そのものだけど触ると透けるってこと？

そうそう、そんな感じ！

――なるほどな～。つくづくお空の上の世界って不思議だね。その魂たちは、お空の世界ではいつも何をやってるの？

自由だよ。
だからみんな好きなことをやってる。

――え？　自由？

うん、うん。自由だよ。
お空の上の世界が楽しすぎて、なかなか地球に行こうとしない魂もいるよ（笑）。

――びっくり。その魂たちはどうなるの？

かみさまとか天使さんが、

ぺんたと小春
penta & koharu
とっても良かったよぉ~
インスタグラム:@penguinhikoki
これから読むよぉ~
©ペンギン飛行機製作所

「あの〜、そろそろ生まれたら?」って言うよ。

──なんだか仕事に行かないお父さんみたいだね……。

さっさと仕事しろよ! みたいな。

でもさ、どうしてお空の上の世界にずっといたらダメなの?

生まれないと、人としてたくさんの「経験」ができないから。

──あぁ! なるほど。「なんでも叶う」は「なんにもできない」ってことだよね? ずっと家でボーッとするのって、幸せなようで案外、苦痛だもんなぁ。

そうそう、そんな感じ!

なんでも叶うって言っても、「人間」としての経験はできないわけだから。特に肉体として「触れたい」って、ずっと思ってる。

──なんでも夢が叶うけど、触れることはできないってなんだか、叶っているようで、叶ってないね……。

「地球」って、お空の上の世界にとって、憧れの場所なんだね。こうして生まれられたことに感

謝しなくちゃだね。

ところで、お空の上の世界には魂ってどれくらいいるわけ？

超いっぱい！

——渋谷のスクランブル交差点くらい？

いや、もっとだよ！

——え、そんなにいたら、魂たち窮屈に感じたりしないの？

お空の世界は広いから。

だから、どれだけ魂がいてもだいじょうぶだよ。

——日本みたいに、狭くないんだ。

土地代も安いのかな……(笑)。

うらやましい。お空の上の世界には、建物とか、お家もあるの？

建物っていう、建物はないけど、大きな木が立ってるよ。噴水もある。そこでみんな遊んでる。

――遊ぶってことは、魂にも仲良しグループがあったり？

うん、あるある！

――えっと～、じゃあ……、いじめなんかもある？

それはない。っていうか起こる前にかみさまとか、天使さんが止めるから。魂同士でケンカはするけどね。

――ケンカ!? それは何を理由に？

お空の上から地球を見て、

「あのママのところには、自分が行くんだ！」みたいな。ママの取り合いをしてる。

――……取り合い。あ、魂からは、地球のママ候補がいっぱい見えてるんだっけ？

うん、いっぱい。地球を見ながら、

「僕はあのママがいい」

「私はあのママ！」って、選んでるんだよ。

――すごい！　どのママのもとに生まれるかは、自分で決めてるんだね！じゃあさ、あのママに決めたけど、途中でやっぱりちがうママがいいってなったらどうするわけ？

そういう場合は、自分で選びなおす子もいれば、かみさまとか、天使さんに決めてもらう子もいる。

「かみさま～、どのママが自分には合いますかね？」みたいな質問をするの。

――相性診断みたいだね（笑）。**じゃあ、かみさまと魂は、お空の上にいるあいだ中、ずっと「ママ」の話をしてるの？**

それだけじゃないよ。

魂はかみさまから、地球は「こういうところだよ」「こういうところがあるよ」「こんなこともできるよ」ってことを教えてもらったりしてる。

――なんだか学校の授業みたいだね。もしかして、教室がある？

うん、ある。

——え？　ってことは、チャイムもある？

それはない。行くのも、行かないのも魂の自由だよ。要は知りたい魂だけがその場所に行くの。もう何回も生まれ変わってる魂もいるわけだから。

——そっか！　もう地球に行ったことがある魂からしたら、知ってる話だもんね！

そうそう。授業は天使さんがしてくれることもあるよ。

——かみさまと天使さんで、教えることはちがうの？

かみさま同士でも性格がちがうし、かみさまと天使さんでも性格がちがうから、それぞれ教え方がちがうよ。

——勝手なイメージだけど、もしかしてかみさまのほうがスパルタ？「うるさいゾ、そこ！」みたいな。

ん～、怒るっていうよりは、和ませるって感じかな。

――へえ、かみさまって優しいんだね。かみさまとは「自分のママ」を決めるって話だったけど、ほかには地球に行くにあたってあらかじめ決めてることってある？

「どんな自分になりたいか」を決める子もいる。

――ってことは、決めない子もいる？

うん、もう生まれてから決めちゃえ〜！　って魂がいる。

――勇気あるね。まあ、でもゲームだって、攻略本を読みながらやりたい人と、自分の力だけで攻略したい人に分かれるもんね。

ところで、その「どんな自分になりたいか」っていうのは、どこまで決められるの？　容姿も決められちゃう？

ある程度は決められるよ。性別も決められる。それにね……。

――ゴクッ……。それに？

科学的じゃないけど、性別に関しては、おなかの中でも決められるよ。

――あ！　そういえばその話、前作でも言ってたよね！　初めて聞いたときはびっくりしたよ。

(笑)。おなかの中で、ママとパパを見ながら、どっちの性別のほうが喜ぶかっていうのを見てる子もいるよ。

――たしかに、お医者さんに「男の子です」って言われてたのに、途中で急に「やっぱり女の子でした」と言われたって話を何度か聞いたことがある。

ふふふふ。おなかに入る前だと、「性別はどっちがいい」っていう話をパパとママがしなかったりするでしょ。

おなかに入って初めて、パパとママの話を聞いたあかちゃんが性別を変えることがあるの。

――ってことは、おなかの中であれば、地球とお空の上の世界を行ったりきたりできるの？

いや、そういうわけではない。おなかの中で変えられるの。

――ふ、不思議すぎる……。もしかして、子宮の中自体が、「地球」というよりは「お空の上の世界」に近いのかな？

うん。地球よりはつながりはあるよ。

――すみれちゃんのメッセージ（P68〜69参照）に、「あかちゃんは地球の空気が苦しい」って書いてるもんね！

……っていうか、おなかの中の世界が興味深すぎて、話がそれちゃったよ……。もう少し「お空の上の世界」のこと聞かせてもらっていい？

うん、いいよ！

――ありがとう。「どんな自分になりたいか」が決まって、「性別」も決めて、ほら、あときょうだいはどうなんだろう？　それもお空の上で決めてくるの？

きょうだいの場合はいろいろなケースがある。

お空の上で「きょうだいになろうね」って約束してくる魂もいれば、そうでない魂もいる。

——そうでない場合は、たまたまきょうだいになるってこと？

一見、たまたまに見えてもきょうだいになった意味はあるよ。

あ、きょうだいをいちばんに選んで生まれてくるって魂もいるよ。

たとえば、「あのお姉ちゃんだったらすごい一緒に遊んでくれそう」とかね。

——すみれちゃんはお兄ちゃんがいるわけだけど、どうだったの？

私の場合はお兄ちゃんがいることを知らなくて（笑）。

おなかの中に入ってから、なんだかいつもママのそばにおじさんがいるけど誰だろう？ って。パパ以外に男の人がいるけど、あれは誰だろう？ って。

——すみれちゃん、お兄ちゃんのこと、「おじさん」って（笑）！

そしたら、ママがその男の人に「お兄ちゃん」って言うから、それで分かって。

——お兄ちゃん、よかった……。そもそも「おじさん」って言われるには、若すぎだしね。でも、このお空の上で「約束してくるきょうだい」と「そうでないきょうだい」には、何かちがいは

あるのかな？

特にないよ。ただお空の上でも一緒にいたきょうだいだと、こっちの世界でもすごく仲良しだとかはあるかも。

――きょうだいっていうより、親友みたいな人たちっているもんね！　じゃあ、双子は？

前に、

「自分のほうが先に生まれたい」って言ってる魂がふたりいてね。その魂は、「だったら一緒に生まれよう」って、双子になってた。

あとは、ママが双子を欲しがってたってこともあるかな。

――ママのために、双子を選ぶパターンもあるんだね！　それはつまり、双子になってくれる魂を空の上で探すってこと？

そうそう。自分が決めたママが「双子がかわいい♡」ってずっと言ってるから、パートナーの魂を探して「一緒に行こう！」って。

――お空の上の世界は、相変わらず自由度が高いね（笑）。それでいよいよ地球へ！　ってなるわけだけど、「GOサイン」を出すのはかみさま？

ううん、ちがうよ。GOサインは自分で出すんだよ。

――あ、自己申告制なんだ。

「自分が行く！」って決めたら、かならずかみさまからは「OK」が出るの？

「今はまだ行かないで」ってときもある。

――OKが出ないときの理由は何？　まだお空の上の世界でやってほしいことがあるとか？

というよりは、かみさまから見ると、魂自体がまだ生まれる準備ができてなかったとか。

――客観的に見て未熟だからってことね。

そう。まだ、ママのおなかの中に入ったら危険だから、「もう少し待って」ってことをかみさまが言うことがあるよ。

――さすが、かみさま。

なんでもお見通しなわけだ。じゃあ、「地球に行ってもいいよ」と言われた魂は、どうやって地球にくるの？　あるアニメ映画で、お空の上の世界から滑り台を使って地球にやってくるシーンを見たことがあるんだけど……。

似てると言えば、似てるかな。ぴゅーって感じ。

――じゃあ、地球には一瞬で到着？

あかちゃんによって、感じ方がちがうよ。ゆっくりだったたって言う子もいれば、早く感じたって子もいる。でも、とにかく瞬間移動って感じではない。

――引き続き、その映画の話になるんだけどね、その映画は魂自体はめちゃくちゃ大人っぽいし、頭も良かったのね。あれはほんとうなのかな？

それは魂によるかな。

――つまり、お空の上の世界にいる時点で、魂にもすでにそれぞれ性格があるってこと？

うん、性格も個性も。いろんな魂がいるよ。

——たしかに、なかなか地球に行こうとしない魂もいるって言ってたもんね（笑）。おっとりしてる魂もいるってことか。

うん、頑固な魂もね。

——頑固？　自分のことをしっかり決めるまで地球には絶対に行かないわけだ？

そうそう（笑）。でも、大体の魂がいい意味で頑固だけどね。だから一度決めたことを変えない魂が多い。

あと前向きな魂がめちゃめちゃ多いよ！

——悩んだりしないんだ。

うん、ママのおなかの中に一度入ったのに、すぐにお空の上の世界に戻ってきちゃった魂の話なんだけどね。

——それはつまり流産の話かな？

うん。そういうときでも、その魂はお空の上の世界に戻ってきて、**「もう1回行くぞ〜」って、次の人生のことを考えてる。**

――それは、ちがうママを探すの？

いろんな魂がいるけど、一度そのママって決めたら、同じママのことを選ぶ魂が多いよ。

――なんだか、感動的……。

お空の上にいるときから、ママはこどもに愛されてるんだね。

でもさ、すみれちゃん、二児の父としてこれだけは聞いておきたいんだけど……。

ん？　なになに？

――さっき、きょうだいを選んでくる魂がいるって言ってたじゃない？

あの……、パパを選ぶ魂っていうのはいないのかな？

（笑）。いる、いるよ！　パパだけじゃなくて、おばあちゃんを選ぶ魂もいるし、近所のおじさんを選ぶ魂だっている。

――え――――！　近所のおじさん!?

そう。あのパパを選べば楽しい人生になりそうとか、あのおじさんの近くにいれば夢が叶うとか。でもね……。

――……でも？

やっぱり魂は、最終的にはママを選んでる。

だって、パパのところに行くにしたって、近所のおじさんのところに行くにしたって、そこにたどり着くためには、そのママから生まれる必要があるでしょ。

――つまり、スタート地点はかならずそのママじゃないといけないと。

うん、だからどの魂も絶対にそのママがよくて生まれてきてる。
それに、嫌いなママのおなかの中に10ヵ月間もいたくないでしょ。
みんなが、そのママが良かったってこと！

まだおなかの中にいるあかちゃんと
母親をつなぐのは、たった1本のへその緒。

その太さ、ほんの1~1.5㎝と言われる。

大人の小指の太さにも満たない
〝それ〟に一生の命を委ね、
おなかの中で約10ヵ月間もの「時」を過ごす。

どこまでも暗闇が続くその「世界」に、
孤独は感じないのだろうか？

いつまでも保証のされない「明日」に、
不安に押しつぶされそうにならないのだろうか？

すみれちゃんの言葉は
そんな心配をすべて覆すものだった。

いつ、どんなときだって、
おなかの中のあかちゃんは、
心を躍らせていたのだから――。

あかちゃん流　幸せになる方法

おなかの中のあかちゃんは、
おなかの中から外を見て、
生まれてからやりたいことを探しているとき!!

「生後1カ月目のあかちゃん」
誰かを見て、ニコッとするの。
そうすると、
その人が笑顔になってくれて、
幸せになるよ!!

「生後2カ月目のあかちゃん」
誰かと一緒に笑ったことを思い出すんだ。

そうすると、
そのときみたいに笑っちゃって、
幸せになるの。

「生後３カ月目のあかちゃん」
上（お空の世界）でママを見てたことを
思い出すと、幸せになるよ。

「生後４カ月目のあかちゃん」
ママやパパを笑わせること!!

「生後５カ月目のあかちゃん」
ママやパパとお話しすること。
まだ言葉ではお話しできないけど、

心でお話しするんだよ!!

「生後6ヵ月目のあかちゃん」

ママと、ギューッてすることかな。

「生後7ヵ月目のあかちゃん」

おっぱいを飲む!!

「生後8ヵ月目のあかちゃん」

ママとかパパとかとあそぶこと!

「生後9ヵ月目のあかちゃん」

ママとね、笑いあいっこをするんだよ。

そのとき、すごい幸せだよ。

「生後10ヵ月目のあかちゃん」
いつも幸せだから、
こうするとかはないかな。
だけど、やっぱりみんなで
笑ってるときがいちばんだね。

地球の空氣は、苦しい！

あかちゃんはおなかの中から出てすぐ、
なにを思うとおもいますか？
きっと、その子によってちがうと思います。

ですが、いろんなあかちゃんに聞いたところ、
「苦しい」
と思ったあかちゃんが多くいました。

なにが苦しいかというと……、
空氣です。

やっぱり、おなかの中の空氣と

おなかの外の空氣はちがいます。

なので、おなかの中の空氣に
なれているあかちゃんは、
初めてすった空氣にいわかんをおぼえて、
「苦しい」と思ったのでしょう。

もしかしたら、
逆にみなさんが急におなかの中に入ったら
「苦しい」
と感じるかもしれないですね。

おっぱいは飲むためだけのものじゃない!!

みなさん!
ママのおっぱいはあかちゃんに
飲ませるためのものだと思っていませんか?

じつはそれは、大人の考え。
あかちゃんの考え方は
ちょっとちがいます。

あかちゃんからすると、
おっぱいは飲むためだけではないんです。

おっぱいは、あそぶものでもあるんです!!

「どうあそぶの？」
と思った方も多いと思いますが……、
きっと、ママたちなら分かると思います。

たとえば、あかちゃんがおっぱいを飲んでいる最中に、
かんだり、いじったりしている場面を
見たことはありますか？

これはあそんでいるんです。

「まちがってかんだのかな〜？」とか、
「なにか氣になっていじってるのかな〜？」とか、
思うかもしれませんが、

かんだときのママの顔が
面白くてやっているあかちゃんもいます。

あと、こんなあかちゃんがいました！
女の子です。

すみれ
「なにをしているときが好き？」

あかちゃん
「おっぱいを飲んでいるとき!!」

すみれ
「どうして？」

あかちゃん
「だって、いっぱい飲むと、
みんながよろこんでくれるんだもん」

あかちゃんからしたら、
おっぱいを飲む理由はいろいろあります。

もしかしたら、おっぱいを飲むのは、
ひとつのプレゼントかもしれないですね。

絵本の中の世界にきたみたい

あかちゃんから見える世界と
大人から見える世界はちがいますよね。

なので、いろんなあかちゃんに、
「あかちゃんから見える世界」
を聞いてみました。

まず……、
何もかもが大きい!!

これは、いろんなあかちゃんから聞きました。

とくに、お家の家具とか、
あと多かったのが絵本です。

あかちゃんからしたら、
絵本って大きいですよね。

それがいいところらしいのです。

絵本は大きい。
だから、ほんとうに絵本の中に
いるような感覚になるのだそうです。

すみれのあかちゃんトーク！❷

おなかの中でママのことをぜ～んぶ、見てるよ

お空の世界からはるばるやってきた「新たな命」は、ママのおなかの中で約10ヵ月間の「時」を過ごします。そんなあかちゃんたちが見ている世界とは？

――ねえ、すみれちゃん。さっきから話を聞いてると、おなかの中にきたあかちゃんたちには「外の世界」のことが丸見えっぽいんだけどさ……。どうやって見てるの？　そもそもあかちゃんって視力がないって言うけど……。

う～ん、あかちゃんによってちがうから、見方はひとつじゃないんだよね。私の場合はクリアには見えないんだけど、おなかの辺りが全部、大きな窓になってるっ

ていうか……。

――じゃあ、すりガラスになってる感じかな？

すりガラスよりはちょっとクリアな感じかな。

――それは、すみれちゃんだけじゃなくて、どのあかちゃんでも見ることができるの？

うん。どのあかちゃんでも見られるよ。

ママが何を食べてるとか、どこにいるとか、ぜ～んぶ見えてる。

――じゃあ、声も聞こえる？

うん、聞こえる。

――味はどう？

今みたいにはっきり分かるわけではないけど、若干。

――えっ、なんの味がするの？

ママが食べたものの味。

――ママが豚骨ラーメンを食べたら、「今日は濃いめだな〜」とかまで分かっちゃうわけ!?

うん。なんとなくだけどね。

――においはどうなんだろう?

においはなぜか分からなかった。

でも、においが分かるあかちゃんもいるよ。

――感覚っていうのは、個人差があるんだね。でも、なんだか安心した。

どうして?

――いや、あかちゃんって約10ヵ月間もお腹の中にいて、ヒマじゃないのかなー? って、ずっと心配してたから。

(笑)。もちろんヒマだなーって思うこともあるけど、基本的には、ママが外に出ると新しい景色が見られるからだいじょうぶだよ。

――え？　ってことは、やっぱりずっと家の中にいられるとヒマになっちゃう？

ううん、見るものすべてが新しいから、だいじょうぶだよ（笑）。

――おなかの中のあかちゃんもけっこう忙しいんだね……。
ところで、おなかの中に一度入ったら、お空の上の世界には戻れないってことだったんだけど、かみさまともお話しできなくなっちゃうの？

いや、お話しはしてる！

――え？　それは、お空の上の世界とテレパシーでつながるイメージ？

ううん。**地球にくるときに、自分で選んだかみさまと天使さんにお願いして、一緒におなかの中に入ってもらうの。**
その子を守るために。
だから、どんなあかちゃんもひとりじゃないんだよ！
ていうか、生まれたときからひとりの人なんていないない！
それに大人になって「寂しい」って思うときも、かみさまや天使さんは見守ってくれてるよ。みーんな、ほんとうは幸せなの。
人には誰もが、かみさまや天使さんやいろんな存在たちがついてる。だから孤独に感じる必要はないよ。

――すみれちゃん、それすごくすてきだし、心強くなれる話だね。

うん！　かみさまや天使さんがずっとそばにいてくれるから安心だよ。

――じゃあさ、少し聞きづらい話になるんだけど……。
中絶で、お空にかえっちゃうあかちゃんっているでしょ。そのあかちゃんたちはどんなことを思いながら、お空にかえっていくのかな……？

う――ん。その相談ってすっごく多いんだけど……、
あかちゃんは、そのママが大好きでおなかに入るって決めたわけだから、それだけですでに幸せっていうか……。

――外の世界が見られなかったのに？

うん、生まれた人間からしたら、外の世界に出たら「人生」って感じかもしれない。

だけど魂からしたら、大好きなママのおなかに入れたって、それだけでちゃんと「生きた」ってことだから。

——そうか。そもそも、出産してから「誕生日」ってカウントするけど、おなかに入った瞬間から誕生してるよね。

おなかの外に出た時点で、10ヵ月も生きてるわけだし。

うん、だから「胎児」って言い方もすごくもったいないし、感覚が分からない。おなかの中にきた時点で生まれてるって思うから。

——「誕生」の概念を見なおしたほうがいいのかもね。じゃあさ、そのおなかの中に生まれたばかりのときのことを聞きたいんだけど、いい?

うん、いいよ!

——新しい命ができたばかりのときって、つわりを起こすママが多いじゃない?

奥さんが妊娠したてのとき、辛そうだったからさ……。

気持ち悪くなる必要はあるのかなって。

悪いものを出してるんだよ。

あ、つわりのとき、喜んでるあかちゃんがいた。

――へ？　喜んでる？　ママが苦しんでるのに（笑）？

もちろんママが苦しんでるのを喜んでるわけじゃないよ（笑）！

ママから悪いものがどんどん出ていくから、ママの中がどんどんクリアになっていくの。

――ああ、なるほど！　それは透明度が増していく感じかな？

うん、濁った水がきれいになっていくっていうか。

――すみれちゃんのときはどうだったの？

私のときは、ママが病気（潰瘍性大腸炎）だったから、子宮全体が狭くて。だから、ずっとじ――っとしてた。

――動きにくかったの？

というよりは、動いたら何が起こるか分からなかったから……。

だからおとなしくしておこうと思って。

——さすが、すみれちゃん。なんて物分かりのいいあかちゃんなんだ！ じゃあ、逆に子宮の中が広々としてる場合もあるんだよね？

うん、ある。あとは、子宮の周りがやわらかいってこともある。ママがおなかをあったかくしてると、子宮が広がるみたい。

たくさんの妊婦さんがいるイベントで、おなかの中のあかちゃんとお話しするときがあるんだけどね。

「おなかの中があったかい」って言うあかちゃんのママは、大体手のひらでおなかを常にさすってるの。

——それはつまり、ママの手のひらの温もりがおなかの中に伝わってるってことなのかな。

うん！　でね、すっごくかわいいときがあってね。

——なになに？

ママがおなかに手を当ててるとき、あかちゃんもそこに手を合わせてることがあって。

——おなかの中から、ママの手のひらに自分の手のひらを合わせてるってこと⁉　何それ！　めちゃくちゃかわいいね！

でしょ！　そのときのあかちゃん、すっごくかわいいんだよ！

——え、どんな顔してるの⁉

実際には触れられてないけど、ニコッてしながら「触れられた♡」って言ってたよ。

——かわいぃっ！　逆におなかの中が冷たくなっちゃうのは、どんなときなの？

たとえばママが悲しんでたり、泣いてたりすると、ちょっと冷たぃ。

——じゃあ、泣くのはよくないってこと？

うーん、冷たいからダメとは言えないし、あかちゃんからしたら、泣くのを我慢するほうが嫌かな。

ママがありのままでいたほうが、あかちゃんも喜ぶよ。

――「温かい」のか「冷たい」のかっていうよりは、ママの気持ちがいちばん大事ってことだね！

うん。でも、おなかの中があったかくて、出たくないいって言うあかちゃんは見たことあるよ。

予定日を過ぎてる妊婦さんが、イベントにきてくれたことがあるんだけどね、あかちゃんと話したら、

「おなかの中が気持ちいいから、出たくなーい」

って言ってて。それを話したら、会場中が大爆笑。

――そりゃ、そんだけ呑気なあかちゃんがいたら、笑うよ。

「心地よすぎて、温泉に入ったような顔をしております」って、そのママさんに伝えたら、

「リラックスしてくれてるのは、うれしいのですが、さすがにそろそろ重いんです……」って。

――その子は無事に生まれたの（笑）？

そのママさんには、「地球の楽しさ」をあかちゃんにお話ししてあげてくださいって伝え

たの。

そしたら、その日のうちに陣痛がきて、次の日に生まれた。

――やっぱりママの気持ちはあかちゃんに伝わってるんだね！

すごい安産だったって言ってたよ！

――あ、ちょうど地球に生まれる瞬間の話が出たから聞きたいんだけど、あかちゃんにとって、生まれる瞬間ってどんな感じなの？

めちゃくちゃ苦しいよ。狭いし。その子にもよるけどね。

――やっぱり！　たったひとりっきりであれだけの時間をかけて出てくるんだもん。ママも苦しいけど、あかちゃんだって苦しいに決まってるよね。

うん。だから、何回も「産道を通る経験」をしているあかちゃんの中には、子宮の中で動こうとしない子もいるよ。

――それはつまり？

るの。

「帝王切開で産んでくれ〜！」って訴えてる（笑）。子宮の中で、出ないように踏ん張って

——なるほど。頭いいね。

たしかに嫌だよね、「めちゃくちゃ苦しい」って分かってて、行くのって。

うん（笑）。苦しいのが何時間も続くからね。

——そういえば、あるママさんに、自然分娩のあかちゃんと、帝王切開のあかちゃんで生まれた瞬間の反応がちがうって話を聞いたんだけど、何か知ってる？

その子によってちがうけど、すでに何時間も必死の思いをしてきたあかちゃんと、さっきまで温泉みたいなところにいたあかちゃんだと、そりゃテンションはちがうっていうか……。

——そりゃそうだ（笑）。

あとさ、聞いてみたいことがあって、障がいを持って生まれてくるあかちゃんについてなんだけど。それもお空の上で選んでるのかな。

うん、魂の中には、「障がいを持って生まれたい」って言う子もいる。

――それはどうして?

経験したいから。

病気の子も同じ。治してみたいって思ってる。

障がいを持って生まれるのと、持たずに生まれるのでは、全然ちがう人生になるから。

だから、今までいっぱい生まれ変わってきたけど、今回の人生は障がいを経験してみたいって。

――それは人生の難易度を上げたいみたいな話かな?

うん、そんな感じ。

――でも、ママからしたら、

「自分のせいで障がいを持って生まれてきたんじゃ……」

って自分を責めてしまうことになりかねないような気もするんだけど。

すみれちゃんのところにもそういう相談って多いんじゃない?

すごくある。

でもね、どのあかちゃんもママのことを責めるだなんてしてないよ。

それに、障がいを選んで生まれてきた子はもちろん、生まれてから知った子も、障がいを「嫌だ」って言ってる子はあんまりいないよ。

——受け入れてるの？

今世は〝これ〟を経験するって覚悟を決めてる感じ。

——そっか〜、あかちゃんって大人より、よっぽど自分のことを分かってるのかもね。

うん、だからママも自分の人生をちゃんと生きたらいいんだよ。

ある助産師さんに、
こんな話を聞いたことがある。

「お産って、お母さんも苦しいけど、
あかちゃんはもっと苦しいの。
〝人生で最も苦しい経験〟
と言っても過言じゃないわ」

これはすみれちゃんも同じことを言っていた。

ここから分かるのは、
人生で最も苦しいことを、

誰しもがすでに経験済みだということだ。

そもそもを考えると、
まだ生まれてもないあかちゃんは、
真っ暗闇で出口も見えないところから、
母親の声だけを頼りにこの世界を目指し、
そしてたどり着く。

つくづく思う。
人間って、すごい。

見たものすべてに名前をつける

これはひとりのあかちゃんから聞いた話です。

どうやらそのあかちゃんは、
生まれてから何をしていいか
分からなかったそうです。

なので、「何をしようか」と、
いつも考えていたそうです。

そんなときに、
そのあかちゃんの家に犬がきました。

そして、その犬に名前をつけているのを見て……、
「楽しそう!!」
と、思ったそうです。

そのときから、そのあかちゃんは、
見たものすべてに名前をつけはじめました。
ちなみに、どんな名前をつけたか聞いてみました!

フライパン＝カンカン
トイレットペーパー＝ゴロゴロ
蛇口＝チョロチョロちゃん

面白いですね!!

私も、こんなことをしている子には、
初めて出会いました。

ひとりのあかちゃんのちょっとしたヒミツでした。

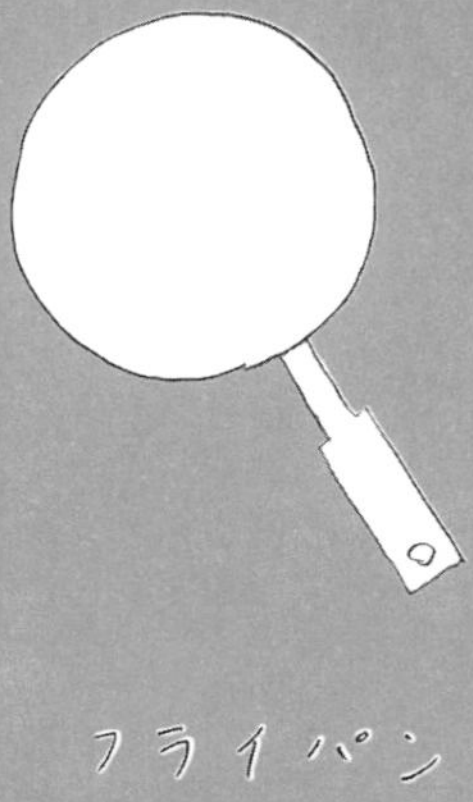

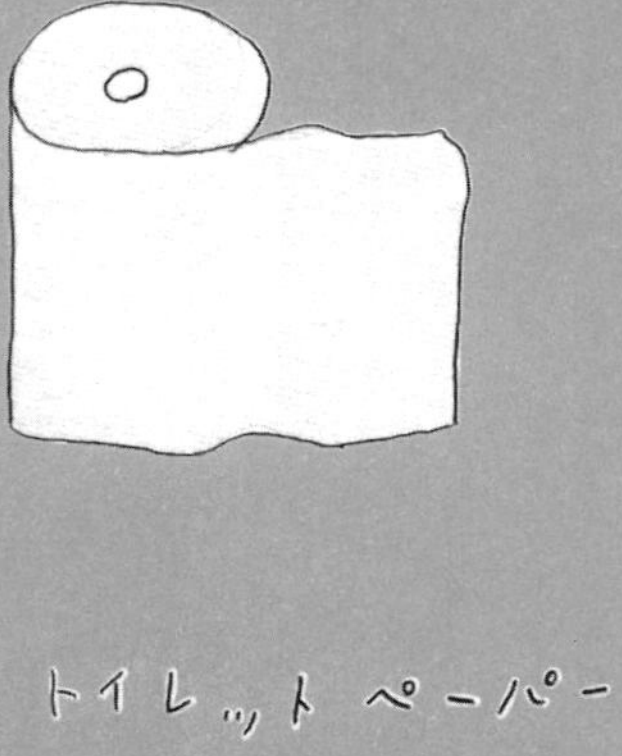

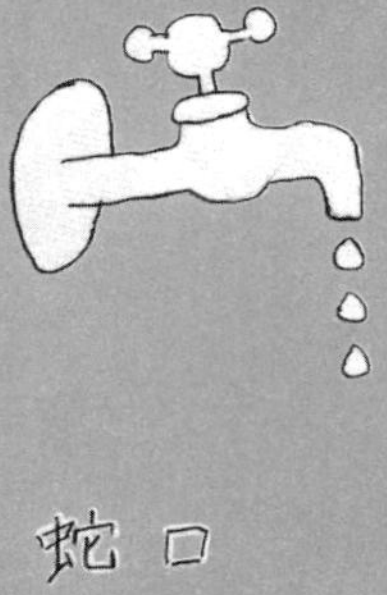

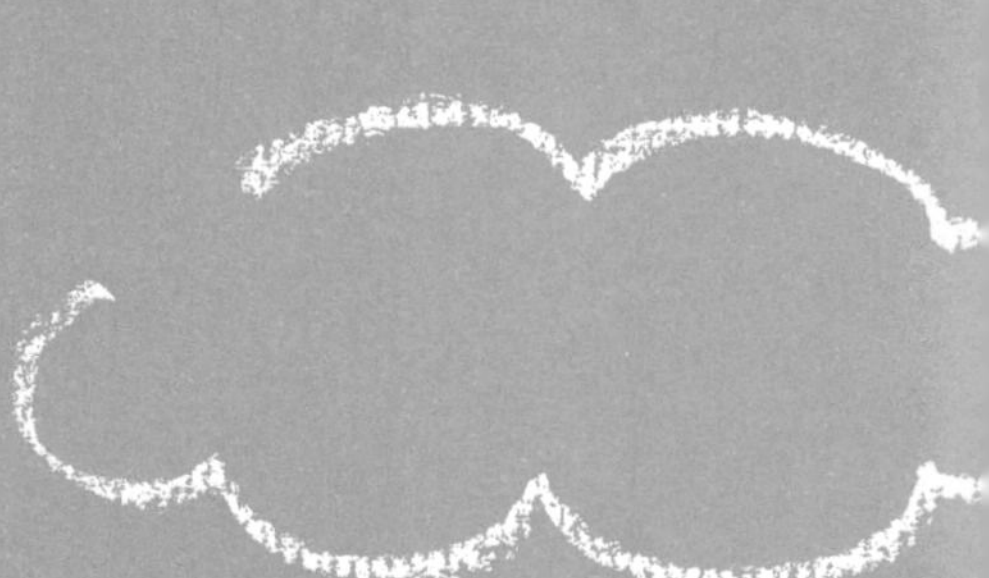

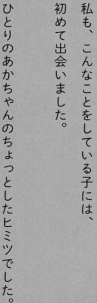

ママのおっぱいは宝物

これは私も小さい頃に
すごい思ったことなんですが、
自分のママのおっぱいって
やっぱり分かるんですよね!!
(自分で納得!　笑)

でも、ほんとうに分かるんですよ!!

なんで分かるかと言うと、私はにおいでした。
いろんな人に抱っこしてもらっても、
やっぱりおっぱいのにおいってちがいます!!

ほかのあかちゃんにも聞いてみたんですが、
ほとんどのあかちゃんが
「ママのおっぱいが分かる」
と、言っていました。

私はにおいだったんですが、
ほかにもこんな子がいました。

・目で判断する子
・触って判断する子
・おっぱいの音で判断する子

最後の意見は、私もびっくりしたんですが、
「音」というのは、ママの鼓動です。

鼓動がママの胸のあたりで聞こえたので、
その子は「おっぱいの音」というふうに
表現していました。

いろんな判断の仕方がありますね!!

こうやってママのおっぱいかどうか判断するのは、
それだけママのおっぱいが好きだからです。

ママのおっぱいは、
あかちゃんにとって宝物です。

パパとママが僕の夢を作ったんだ！

あかちゃんの将来の夢って、
すごい氣になりますよね。

いろんなあかちゃんに聞いてみたら、
ママやパパがやっていることに
興味をもって、
「やってみたい‼」
という意見が多かったです。

やっぱり、いちばん近くにいる
ママやパパのやっていることが、
カッコよく見えたり、

憧れたりするみたいです。

あと、ママやパパと同じこと（仕事）をして、
「ママやパパと一緒にやりたい!!」
と言う子もいました。

あるひとりの子は、
こんなことを言っていました。

「僕の夢は消防士さん!!」

なぜかと言うと、
「いろんな人を助けて、
カッコいいから!!」

私が、
「どこで消防士さんを知ったの？」
と聞くと、
「パパとママのおかげだよ!!
パパとママが消防士さんを見せてくれたんだ!!」
と言っていました。

どうやら、消防士さんが出てくる絵本を
パパとママに読んでもらったそうで、
そのときに見た消防士さんが
すごくカッコよくて、
消防士さんになりたいと
思ったそうです。

「僕の夢はパパとママが作ってくれたんだ〜」

と自慢げでした。

ママの体の中をいちばん知っているのは

あかちゃんは、
いつもママを見ています。

きっと、ママの体にいちばん触れているのも
あかちゃんだと思います。

じつは、あかちゃんは、
ママの体の中のいちばんの理解者!!

だって、ママのおなかの中に、
約10ヵ月も入っていたんですよ。

しかも、ママを見ていて、
ママに触れていますしね。

前にこういうあかちゃんがいました。

そのあかちゃんはまだ、
おなかの中にいるあかちゃんです。
（私が実際にママを通して会っているときです）

そのおなかの中にいるあかちゃんは、
すごく動いていました。

動くことはよくあることなんですが、
そのときにあかちゃんのママが

氣分が悪くなってしまいました。

すると、それに氣づいたのか、
おなかの中にいるあかちゃんは動きを止め、
ママのおなかの中をなではじめました!!

私はその光景を見て、
おどろきました。

「どうしたらママがなおるか」
自分にできることがないか、
ちゃんと考えて行動しているのは、
すごいと思いました。

あかちゃんは、
ママのいちばんのドクターでもあったんです。

すみれのあかちゃんトーク！❸

ママに笑ってほしくて、笑ってる

ようこそ、地球へ。いよいよあかちゃんが、
おなかの外に飛び出してからのことについて、すみれちゃんに迫ります。
彼女が明かす、この世の歩き方とは。

——すみれちゃん、無事に生まれたあかちゃんのことについて聞いていきたいんだけど、いいかな。

うん、いいよ！

——ようやくおなかから出たあかちゃんは、初めて外の世界を見てどんなふうに思うの？

やっぱり最初は「変な感じ」って思うあかちゃんが多いかな。車酔いみたいになる子も

いるし。でも、前世で何度も生まれ変わってる子だと、慣れてるから、「こっちの世界（地球）のほうがいい」って言うこともある。「やっと出られたー！」って子もいる。

——10ヵ月って長いもんね。

ところで、生まれたばかりのあかちゃんはまだ空の上の世界のことを覚えてる？

おなかから出て、ぱってすぐに忘れちゃう子もいるし、それは個人によってちがうかな。頭が少しだけ出た瞬間にぱって忘れる子もいる。

——そのあかちゃんは、相当切り替えが早いんだね（笑）。逆にゆっくり忘れていく子もいるわけだ。

うん、たとえば3歳くらいまで覚えている子もいるし。

——で、僕の目の前に今、12歳までしっかりとお空の上の世界のことを覚えている女の子がいる、と。

（笑）。

——そんなすみれちゃんでも、お空の上の世界のことで忘れてしまったことってあるの？

いや、ほぼ覚えてる。

――じゃあ逆に、2年前はできなかったけど、最近できるようになったことはある？　新しい能力が増えたとか。

あ、ある。あるよ！

――え！　なに？

あの頃より日本語をだいぶ覚えた。

――なーんだ、びっくりした（笑）。語彙力の話ね。

そうそう。

――すみれちゃんのギャグが炸裂したところで話を変えよう。あかちゃんって、すんごい泣くじゃん。これでもかって。どうしてあんなに泣くわけ？

いろんな意味がある。やっぱり、「おなか空いた」っていうのもあるし。

でもね、ママとパパがケンカしてるときに、泣く子もいるよ。

――そう、僕が聞きたかったのは、まさにそれ！
あかちゃんに聞こえないようにって静かにケンカしてても泣くの！　あれが不思議で、不思議で。

エネルギーで見えてるから。

――おなかの中にいたときみたいに？

うん、そうそう。パパとママの「怒りのエネルギー」みたいなものを感じてるの。
でも、ママが怒ってると、笑う子もいるよ。

――怒ってるのに？

そうやって怒ってるのが面白いみたい。

――そんな、あかちゃんが面白い……。
そういえば僕の奥さんがこの前、
「どうしてあかちゃんって夜泣きをするんだろう」って嘆いてた。

――〝トントン〟って肩を叩いたり、笑顔で起こしてくれたりしたらよっぽど気持ちは楽なのにって。そんなにいろんなことが分かってるあかちゃんなら、もう少しママに対して「ゆっくり寝てね」って優しさがあってもいいだろうに。

不安なんだよ。ママと離れてるのが。

今までおなかの中でず――っと一緒にいたわけだから。

あかちゃんにとってママは、「自分の一部」なの。

――あぁ、その感覚なんとなく分かる……。パパが離れてもなんともないあかちゃんでも、たとえばママがたった数十cm離れただけで、この世の終わりかってくらい泣くことがあるし。たったそれくらいの距離でも、喪失感を抱くわけだ。

10ヵ月もママのおなかの中にいたんだもん。

あるあかちゃんが、

「おなかから出てもママとへその緒でつながってるよ〜」って言ってた。

――切ったけど何か見えないひもでつながってるみたいな？

そうそう。「まだついてるよ～」って言ってた。

――つながってるなら、なおさら離れたくないよね。

泣くのは、母乳だけが理由じゃなかったのか～。

じゃあさ、逆にあかちゃんの笑顔にはどんな理由があるの？　いっぱい泣く一方で、あかちゃんっていっぱい笑うじゃない。あれはちゃんと、心の底から笑ってる？

あかちゃんってすごく頭がいいから。

――ん？　どういうこと？

前にいたのが、ママに笑ってほしくて笑ってるあかちゃん。

「なんでママは、笑わないの？　こうやって笑うんだよ」って、教えてた。

――あ、頭いい……。笑顔のお手本を見せてるってことか。

そうそう。

「ママ～、一緒に笑おうよ！」みたいな。

――そんな頭のいいあかちゃんなわけだけど、知らないことも、もちろんたくさんあるよね？

うん、あるある。大人の考えとか、目線はよく分からない。どうして世間の目を気にするんだろう、とか。

――あ、そっち？　あかちゃんは忖度しないってこと？

いろんな子がいるけど、

「どうしてやりたいことやらないの？　やればいいじゃん！」みたいに思ってるあかちゃんはたくさんいる。

とにかくあかちゃんの考えていることはシンプルだよ。

「自分の気持ちを大事にしなよ」って、ただそれだけ。

――じゃあ、あかちゃんたちは大人を見て……。

「もう、こうしたらいいじゃん！」って思いながら見てる。

――それはやっぱり最近までいた「お空の上の世界」の考え方がシンプルだからっていうこと

も関係してる？

うん。私のママにもたまに言うよ。

頭の中のコードが絡まっちゃってるよって。でも、絡ませてるのは、自分だよって。

――え？　自分で、自分のコードを絡ませて、悩んでる？

うん。この前のママがそうだった。

大人はこういうことで悩んでる人が多い。

ああだこうだ言いながら、どんどんコードを絡ませていくの。

だったら、自分でほどけばいいでしょって。元に戻りなよって。

――そ、そうか。絡ませたの自分なんだもんね。

戻せばいいんだ、元どおりに。

そんなことまですみれちゃんはもちろんのこと、あかちゃんも分かっているのか……。

あかちゃんは、そういうことをいろんな伝え方で教えようとしてくれてる。

――さっきの「笑い方」を教えようとしてくれてるあかちゃんもまさにそうだよね。ほかにはどんな伝え方がある？

泣けないママのところには、よく泣くあかちゃんが生まれたり。

――それはつまり、泣き方を教えてる？

うん、泣いてもいいんだよって。

――自分のあかちゃんを「よ～く観察すること」。そこに、自分の解決すべき問題がかくれているのかもね。

ただ、逆にすごく空気を読んで、静かにしてなくちゃいけない状況で黙ってる子もいるよ。

――まさかの忖度ベイビーもいるのか（笑）。

いやあ、それにしてもここまでママのことも、パパのことも、大人のことだって、あかちゃんは理解してるなんて驚きだよ。

親を嫌いなこどもっていうのもいるよね？　もちろんこどもに限らず大人もそうなんだけど、

両親をどうしても好きになれない人たち。よくそんな悩みを聞くんだよね。あれは、どうすればいいんだろう。

無理して好きになることもないよ。

産んでくれたことには感謝したほうがいいけど。

無理して好きになろうとすると、どんどん嫌いなところが思いついちゃうし。

――分かる、分かる！

だから、別にいいやって、距離を置いて離れたところから見てみる。そしたら、ちがう景色も見えてくるだろうし。

――たしかに、渦中にいると飲み込まれちゃうんだよなぁ。

「好きにならなきゃいけない」っていう気持ちは、さらにその人を嫌いゾーンに入り込ませちゃう。

――「隣の家の事件」くらいに見ておいたほうがいいってことね。

――あ〜あ、「あかちゃん」ってだけでもこれだけ個性が様々な中で、どんな人だって幸せになる方法ってないもんかなぁ。

それは「普通であること」だと思う。

――普通であること？

要は、ご飯を食べられてることや、おしゃべりできることもそうだし、生きていることだってそう。みんなが「当たり前」って思ってること自体が幸せで。そもそも地球にこられてる時点で幸せなわけだし。

――でも人はそれを忘れてしまう。

うん。魂のときは生まれたくて、肉体に触れたくてしょうがなくて、でも人間になって成長するとそのことを忘れちゃう。

だから、

「当たり前のことをよく見なさい」ってかみさまとか天使さんはよく言ってる。

触れられるってことすら、ほんとうはすごいことだから。

——**そうだよね。お空の上の世界では何かに触れるってことが叶わなかったわけだから。**

そう、コップを持つことひとつとっても、ほんとうは感謝するべきこと。
お空から見たら、人間のことがうらやましくて、うらやましくてしょうがない。
肉体でご飯が食べられてる。肉体で誰かに触れられてる。
これってすごいことなんだよ。

——**そうか。生きてるだけですでに最高か。**
なんか、人生で起こるすべてがおまけに見えてくるね。
生まれた瞬間に人間は、1回ゴールしてるってことだよね。
ゴールでもあり、スタート。
スタートでもあり、ゴール。

——**どんな人も人生で一度は100点満点を経験済みだなんて。**
すごく勇気が湧いてくる話だ……。なんだか今、世界が輝いて見えるよ!

「あかちゃん」じゃなかった人はいない。
今や誰かのおばあちゃんやおじいちゃんも、
今や誰かのママやパパだって、
み〜んな、初めはあかちゃんだった。

すみれちゃんの言葉を
読んだ人なら分かるだろう。

つまり、誰もが
「幸せになる方法」
を知っていた、ということなのだ。

ただ今は、
それを忘れてしまっているだけ。

新しい自分になる必要はない。
思い出せばいいんだ。

その胸の奥に眠る、大切なメッセージを。

——すみれちゃん曰く、
ある、あかちゃんは言ったらしい。

ママは、ママのまま、
笑ってね

パパは、パパのまま、
笑ってね

その方が、
明るいから

泣いてもいいよ
怒ってもいいよ

だけどね、
それは、
誰も悪くないから

――ある、あかちゃんは言ったらしい。

——ある、あかちゃんは言ったらしい。

『つわり』

これはね、ボク達が
おなかの中に
いるよっていう
サインなんだ

パパ

ママのこと、ちゃんと
助けてあげてね。
ママのこと、ちゃんと
笑わしてあげてね。

二人で
かがやいてね

——ある、早く上へ行った魂は言ったらしい。

――ある、あかちゃんは言ったらしい。

ボクが家族のヒーローに
なるんだ!!

でね、もう、1つやった事が
あるんだ!!

それはね、
ボクが生まれた事
ボクが生まれた時、
みんなが笑ってくれた。
その時、
ちょっとだけ、ヒーローに
なれた氣がしたよ!!

これから、冒険に
行くんだ!!

これから、ず～っと、
冒険するんだよ!!

——ある、あかちゃんは言ったらしい。

ママ、うんでくれて
ありがとう

ママは願いを
叶えてくれたね

ねぇママ、もう一つ
願いを叶えて
ほしいんだ

みんなで、
ニコニコしたい

——ある、あかちゃんは言ったらしい。

そして、今日もまた
地球を輝かせる
たくさんの新しい命が生まれている。

おわりに

私はイベントなどであかちゃんに
関わることが多くあります。
そのたびにほんとうに思うのは、
あかちゃんひとりひとりに
ちゃんと考え方や意見があるということです。

講演会でときどき、
「プチプチあかちゃんセッション」をやります。
ママやパパからあかちゃんに対しての
質問をいただいて、
あかちゃんから返答をもらっているのです。

そのときに、あかちゃんは
ちゃんと答えてくれるんです。
ときには二ヤ二ヤしながら、
「おしえな〜い」
と言うこともありますけどね。
逆に、自分から手を挙げるあかちゃんもいるんですよ!!

私が、「プチプチあかちゃんセッションを始めます」
と言ったら、あかちゃんが手を挙げてくれたんです。

その子は、ママやパパに
伝えたいことがあったそうです。

ほんとうにこういうことは少なくありません。

見ためは小さくても、ママやパパ、家族のことを
ちゃんと見ているあかちゃんはほんとうに多いです。
そして、大人とはちがった見方をするので、
あかちゃんの意見を聞くのが、すごく面白いです。

最後に。
「あかちゃんって、どんな存在だと思いますか？」
と聞かれたことがあります。

私は、愛をくれる存在だと思います。

あかちゃんの愛って、すごく温かくて、
浸透というか、ほんとうにそんな感じなんです。

イベントで、あかちゃんがニコッてするだけで、
会場がホワァ～ンとして、
会場にいる人たちが笑顔になっていくんです。

それを見ると、ますますあかちゃんの愛って
すごいんだなと思います。

大人の愛とはちがった愛。
あかちゃんの愛は、まるで魔法みたいです。

12歳になったすみれより

●すみれ

2007年生まれ。生まれたときから、かみさまや、見えないけれどひとりひとりを見守ってくれている存在たちとお話しができる中学1年生の女の子。ママのおなかに入る前のことをすべて覚えており、おなかの中のあかちゃんとお話しすることもできる。

現在、小さな体ながら全国を飛びまわり、子育てに悩むママはもちろん、一流企業の社長にも幸せを届けている。不定期で開催しているトークショーでは、魂まで響く深い言葉と歌声に毎回号泣の嵐を巻き起こしている。初の著書『かみさまは小学5年生』は、40万部を超える大ベストセラーとなる。

好きな食べ物はピザ（特に、マルゲリータ）。特技は歌うこと。

デザイン
山田知子（chichols）

写真
小林幹幸

フラワーデザイン
林聡子（mini et maxi）

スタイリング協力
三浦明美（studio kupukupuplus+）

編集協力
株式会社ぷれす

本文 DTP
朝日メディアインターナショナル

編集
岸田健児（サンマーク出版）

かみさまは中学1年生

2019年11月30日 初版発行
2019年12月25日 第4刷発行

著者　すみれ
発行人　植木宣隆
発行所　株式会社サンマーク出版
〒169-0075
東京都新宿区高田馬場2-16-11
（電話）03-5272-3166
印刷・製本　株式会社暁印刷

ISBN978-4-7631-3795-1　C0036
ホームページ　https://www.sunmark.co.jp/